Vente du Jeudi 6 Mars 1862.

collection Lefèvre

TABLEAUX ANCIENS

première quinzaine d'Avril

lundi et mardi mercredi et jeudi

vendredi et samedi

Mᵉ Ch. PILLET, Commissaire-Priseur

M. DHIOS, Expert

PARIS. IMPRIMERIE DE PILLET FILS AINÉ

Rue des Grands-Augustins, 5.

CATALOGUE

DE

TABLEAUX

ANCIENS

Des Écoles française, flamande, hollandaise et italienne

COMPOSANT LA COLLECTION DE M. L. [Lefevre]

DONT LA VENTE AURA LIEU

HOTEL DES COMMISSAIRES-PRISEURS, RUE DROUOT, 5

SALLE Nº 1

Le Jeudi 6 Mars 1862

A DEUX HEURES 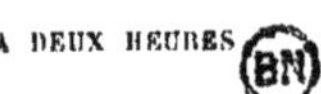

Par le ministère de Mᵉ **CHARLES PILLET**, Commissaire-Priseur,
rue de Choiseul, 11,

Assisté de M. **DHIOS**, Expert, rue Le Peletier, 33

Chez lesquels se distribue le présent Catalogue.

EXPOSITION PUBLIQUE

Le Mercredi 5 Mars 1862, de une heure à cinq heures.

CONDITIONS DE LA VENTE

Elle sera faite au comptant.

Les acquéreurs payeront, en sus des adjudications, *cinq pour cent*, applicables aux frais.

Paris. Imprimerie PILLET FILS AÎNÉ, rue des Grands-Augustins, 5.

DÉSIGNATION

DES TABLEAUX

ECOLE FRANÇAISE

AUBRY.

1 — La Correction maternelle.

BOILLY.

2 — Jeune femme dessinant.

BOUCHER (F.).

3 — Le Panier mystérieux.

BOUCHER (École de).

4 — Sujet pastoral.

CASANOVA.

5 — Combat de cavalerie.

Sur le premier plan, un général donnant des ordres.

DU MÊME.

6 — Combat de cavalerie.

Pendant du précédent.

CHALLE.

7 — Le Pardon.

Charmante scène d'intérieur.

CHARDIN (manière de).

8 — Légumes et ustensiles de cuisine.   Pastel.

DE BARD (Bonaventure).

9 — Fête de village.

Sur le premier plan à gauche de nombreux spectateurs, assemblés autour d'une baraque de saltimbanques, suivent avec attention la parade d'un arlequin ; à droite, boutiques foraines où des dames, accompagnées d'enfants, font des achats ; dans le fond, ronde de villageois.

DU MÊME.

10 — Récréation villageoise.

Devant la porte d'une hôtellerie, de nombrenx personsonnages sont assis autour de tables servies ; derrière eux, dans le fond, des villageois dansent au son d'un orchestre ; à gauche, près d'une tente, plusieurs groupes de figures ; sous la tente, des buveurs.

Pendant du précédent.

Les deux tableaux que nous venons de décrire nous paraissent, à bien des titres, mériter l'attention des connaisseurs ; car la touche spirituelle et la variété de la composition nous font considérer ces tableaux comme des meilleurs de cet aimable artiste.

DE MAY.

11 — Paysage. Village traversé par une grande route, sur laquelle cheminent des villageois conduisant des bestiaux.

DE MARNE.

12 — L'Abreuvoir.

DUNOUY.

13 — Vue d'une ville italienne.

Au premier plan, une route sur laquelle cheminent des paysans conduisant des bestiaux.

FRAGONARD.

14 — Intérieur villageois.

GILLOT (C.).

15 — Foyer de comédiens.

GREUZE (attribué à J. B.).

16 — Un jeune enfant jouant avec son chien.

HAUDEBOURG-LESCOT.

17 — Femme italienne faisant la sieste sous les colonnades
d'un palais.

JEAURAT.

18 — Le Marché des Innocents sous Louis XV.

LANCRET.

19 — Le Menuet.

LANTARA.

20 — Port de mer. Clair de lune.

DU MÊME.

21 — Paysage avec cascades. Effet de soleil couchant.

LÉPICIÉ.

22 — Portrait de jeune fille tenant un mouton dans ses bras.

DU MÊME.

23 — Le Joueur de flûte.

LOUTHERBOURG.

24 — Paysage avec chute d'eau ; figures d'animaux sur le premier plan.

PATER.

25 — Divertissements dans un parc.

SENAVE.

26 — Scène d'intérieur. Le Marchand d'images.

TAUNAY.

27 — Port de mer italien.

VALENCIENNES.

28 — Paysage.

Au premier plan coule une rivière où de jeunes femmes se baignent.

Figures peintes par Valin.

VERNET (J.).

29 — Marine. Clair de lune.

WATTEAU (Ant.).

30 — La Partie de musique.

WATTEAU (Louis), de Lille.

31 — Marche d'un convoi militaire.

L'agrément de la composition et la touche spirituelle des figures qui l'animent font considérer ce tableau comme un des meilleurs de cet habile artiste.

WATTEAU (Louis), de Lille.

32 — Camp militaire.

Au premier plan, les cantines sont entourées de soldats et de joyeux paysans qui se divertissent ; au centre, un officier et un trompette à cheval donnent le signal de la retraite. Belle composition pleine de mouvement.

ÉCOLES

FLAMANDE ET HOLLANDAISE

ASCH (Van).

33 — Paysage avec chariot.

BACKHUYSEN (L.).

34 — Entrée d'un port de mer.

A droite, au dehors de la jetée, est un vaisseau à l'ancre ; à gauche, une chaloupe rejoignant un navire qui arrive au port.

BACKHUYSEN (L.).

34 *bis* — Marine. Navires sans voiles.

BAUT ET BOUDEWINS.

35 — Port de mer.

Composition animée d'un grand nombre de figures.

BRAUWER (ADRIEN).

36 — Intérieur de cabaret flamand.

DU MÊME.

37 — Buveurs et Fumeurs.

BRAUWER.

38 — Tabagie.

CUYP (A).

39 — Le Manège.

Au premier plan, à droite, un jeune homme s'apprête à monter à cheval; près de lui, un enfant et un jeune seigneur s'avancent vers la gauche; dans le fond, personnages et cavaliers.

DECKER ET P. BOUT.

40 — Paysage.

A la sortie d'un bois, un chariot attelé de chevaux conduit par des villageois; derrière eux un groupe de cavaliers suivant la même route.

DIETRICY.

41 — Les Acteurs de la Comédie Italienne.

Charmante composition imitée de Watteau.

FREUDEBERG.

42 — Les Premiers pas.

GAAL (Bernard).

43 — Un marché aux chevanx.

HEUSH (W. de).

44 — Paysage animé de figures.

HONDT (de).

45 — Choc de cavalerie.

DU MÊME.

46 — Choc de cavalerie.

Pendant du précédent.

HUGHTENBURGH (Van J.).

47 — Cantine d'un camp.

Sur le premier plan à droite, près d'une tente qui sert
de cantine, un groupe de cavaliers boivent le coup de l'é-
trier ; plus loin, à gauche, un officier supérieur donne des
ordres à un corps de cavalerie qui défile devant lui.

HUGHTENBURG (Van J.).

48 — Choc de cavalerie.

HUYSMANS, de Malines.

49 — Paysage.

Sur le premier plan, terrain éboulé ; dans le fond, grands arbres.

Bon tableau orné de jolies figures.

DU MÊME.

50 — Paysage animé de figures.

Sur le premier plan, terrains éboulés ; au centre, troupeau de moutons.

DU MÊME.

51 — Paysage avec terrains éboulés.

Sur le premier plan un paysan, conduisant une vache, traverse un gué.

JANSSENS. 1684.

52 — Soirée dans un salon sous Louis XIV. — Le jeu de la main chaude.

Charmant tableau, remarquable par la finesse d'expression des figures et la variété des costumes.

LAAR (Pierre de).

53 — Intérieur d'une écurie d'auberge.

Deux voyageurs, dont l'un déjà à cheval, s'apprêtent à partir; d'autres, arrivant, apparaissent à l'entrée de l'écurie.

MAAS (Dirck).

54 — Paysage

Sur le premier plan, au centre, un groupe de chasseurs et plusieurs cavaliers gravissent un chemin rapide bordé de grands arbres.

DU MÊME.

55 — Paysage.

Rendez-vous de chasse.

DU MÊME.

Pendant du précédent.

MAAS (Van Art).

56 — Campement militaire.

Au centre et sur le premier plan, trois soldats jouent aux dés près d'un monument en ruines ; à droite, armures, caisses et drapeaux ; dans le fond, à gauche, marche d'une armée.

MEULEN (Van der).

57 — Chasse au cerf sous Louis XIV.

MIEL (J.).

58 — Halte de bohémiens.

Belle composition. Les figures sont pleines d'expression et peintes avec cette vigueur de touche et de coloris qui distinguent le maître.

DU MÊME.

59 — Bohémiens napolitains.

MOLENAER.

60 —- Kermesse hollandaise.

A la porte d'un cabaret, une nombreuse assemblée de villageois, tout en buvant, accompagnent en chantant un groupe de danseurs ; dans le fond, jeux forains.

Tableau clair et bien composé.

DU MÊME.

61 — Intérieur flamand.

Sur la droite, un homme et une femme se livrent au plaisir de la danse au son de la vielle ; près d'eux des villageois assis fument et boivent. Sur la gauche, près d'une cheminée, une table encore servie.

NEER (Van der).

62 — Paysage avec rivière. Effet de soleil couchant.

OCHTERVELT (Jean.)

63 — Dans un intérieur élégant, une jeune et jolie femme est occupée à jouer du clavecin ; près d'elle, un homme debout et une jeune fille semblent écouter avec beaucoup d'attention.

OSTADE (A. Van).

64 — La Famille hollandaise.

ROMBOUTS.

65 — Paysage peint dans la manière de J. Ruysdaël.

ROMYN (Van).

66 — Bestiaux au repos dans une prairie.

ROOS (J. H.).

67 — Paysage.

Au centre, des ruines d'architecture à l'ombre desquelles une jeune fille assise joue de la musette, et un jeune garçon garde un troupeau. A gauche, une vache couchée entourée de moutons et un taureau debout.

Ce tableau, d'un beau coloris et d'une finesse d'exécution remarquable, peut être compté parmi les plus précieux de ce maître.

ROTTENHAMER.

68 — La Sainte Famille dans un paysage.

STAVEEREN (Van) 1670.

69 — Fête de village.

Composition animée d'un grand nombre de figures, groupes bien disposés.

Tableau d'une très-belle couleur.

STEEN (J.).

70 — Réunion de villageois dans une salle de bal.

Composition animée d'un grand nombre de figures.

SPRINGER (Cornelis).

71 — Vue d'une place publique en Hollande.

TÉNIERS (D.).

72 — Kermesse flamande.

Excellent tableau d'une touche facile et d'une brillante couleur.

TÉNIERS (D.).

73 — Intérieur de cabaret flamand.

> Au centre, un groupe de danseurs ; à gauche, réunion
> de personnages attablés ; dans le fond et à droite, buveurs
> et fumeurs.

DU MÊME.

74 — Intérieur de cabaret avec trois fumeurs.

THULDEN (Van).

75 — La Vierge, assise, tient l'Enfant Jésus sur ses genoux.

WELDE (W. Van de).

75 *bis* — Marine. Entrée d'un port de mer.

VERSCHURING.

76 — Attaque d'un convoi par des brigands.

VERSCHURING.

77 — Voyageurs attaqués par des brigands.
Pendant du précédent.

WITTE (E. DE).

78 — Intérieur d'un temple protestant, animé de nombreuses figures attribuées à Cuyp.

WITTE (EM. DE).

79 — Intérieur d'un temple protestant. Les figures sont attribuées à A. Cuyp.

WOUVERMANS (PIERRE).

80 — Un marché aux chevaux.
Très-belle composition.

DU MÊME.

81 — Rendez-vous de chasse.
A gauche, sur le premier plan, trois cavaliers se disposent à partir pour la chasse; au centre, un jeune garçon tenant un chien en laisse; plus loin, cavaliers et piétons.

WYNANTS.

82 — Paysage traversé par une route bordée d'une palissade.

WYCK (Th.).

83 — Réunion de bohémiens et de mendiants près de ruines.

ZAFTLEVEN.

84 — Paysage; site montagneux. Effet du matin.

ÉCOLE ITALIENNE

BENEDETTE, de Castiglione.

85 — Le Retour du marché.

Des villageois, conduisant des bestiaux, se dirigent vers la ferme.

CANALETTO.

86 — Vue de Venise. Le Grand canal.

GUARDI.

87 — Vue de Venise. La Place Saint-Marc.

ANDRÉ DEL SARTE (École d').

88 — La Vierge et l'Enfant Jésus entourés de deux anges.

———

ÉCOLE ANGLAISE

BONNINGTON.

89 — Paysage historique.

Pastiche d'une grande vigueur de coloris.

SCOT (Samuel).

90 — Marine.

Au centre du tableau, plusieurs navires, voiles dé-
ployées, se dirigent vers la pleine mer. Effet de clair de
lune.

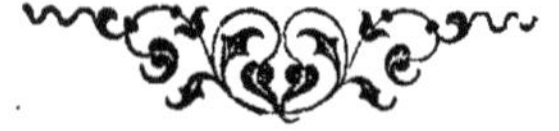

www.ingramcontent.com/pod-product-compliance
Ingram Content Group UK Ltd.
Pitfield, Milton Keynes, MK11 3LW, UK
UKHW022338170726
13837UKWH00005BA/2313